Anonym

Einführung in die Wirtschaftsinformatik

Zusammenfassung

GRIN Verlag

Bibliografische Information der Deutschen Nationalbibliothek:

Die Deutsche Bibliothek verzeichnet diese Publikation in der Deutschen National-bibliografie; detaillierte bibliografische Daten sind im Internet über http://dnb.d-nb.de/ abrufbar.

Impressum:

Copyright © 2005 GRIN Verlag GmbH
Druck und Bindung: Books on Demand GmbH, Norderstedt Germany
ISBN: 978-3-656-70929-9

Dieses Buch bei GRIN:

http://www.grin.com/de/e-book/277762/einfuehrung-in-die-wirtschaftsinformatik

GRIN - Your knowledge has value

Der GRIN Verlag publiziert seit 1998 wissenschaftliche Arbeiten von Studenten, Hochschullehrern und anderen Akademikern als eBook und gedrucktes Buch. Die Verlagswebsite www.grin.com ist die ideale Plattform zur Veröffentlichung von Hausarbeiten, Abschlussarbeiten, wissenschaftlichen Aufsätzen, Dissertationen und Fachbüchern.

Besuchen Sie uns im Internet:

http://www.grin.com/

http://www.facebook.com/grincom

http://www.twitter.com/grin_com

HARDWARE

1. Gegenstand der Wirtschaftsinformatik

Wirtschaftsinformatik befasst sich mit der Konzeption, Entwicklung, Einführung, Wartung und Nutzung von Systemen, in denen computergestützte Informationsverarbeitung in Wirtschaft und Verwaltung angewandt wird.

2. Grundlagen von Hardware- und Systemsoftware

2.1 Computerhardware

2.1.1 Architektur von EDV-Systemen

a) Struktur eines EDV-Systems

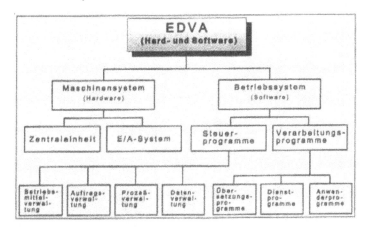

b) Funktionaler Aufbau einer EDVA

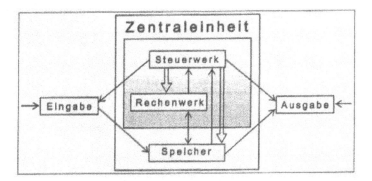

Zentralprozessor und Hauptspeicher bilden zusammen die Zentraleinheit. Jeder Zentralprozessor hat die beiden Komponenten Steuerwerk und Rechenwerk. Der

1

Hauptspeicher besteht aus Arbeitsspeicher und Festwertspeicher. Der Arbeitsspeicher ist ein Schreib-/Lesespeicher (RAM), der Festwertspeicher ein Nur-Lesespeicher (ROM).

Das Steuerwerk, auch als Leitwerk bezeichnet, ist eine Funktionseinheit, welche:
- Die Reihenfolge steuert, in der die Befehle ausgeführt werden
- Die Befehle entschlüsselt und modifiziert
- Die für ihre Ausführung erforderlichen Signale abgibt

Das Rechenwerk übernimmt die vom Steuerwerk entschlüsselten Befehle und führt sie mit Hilfe von Verknüpfungsschaltungen aus.

c) Eingabegeräte von EDVA

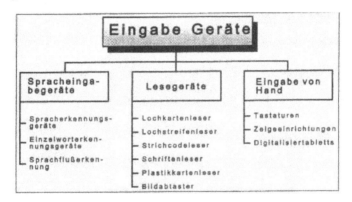

d) Ausgabegeräte von EDVA

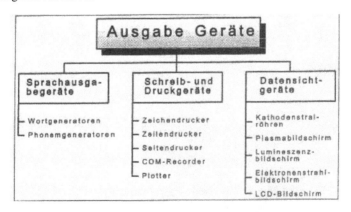

e) Massenspeicher von EDVA

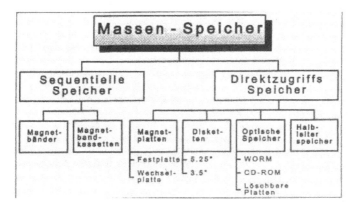

Sequentielle Speicher erlauben nur den Zugriff in der gespeicherten Reihenfolge, dahingegen erlauben Direktzugriffsspeicher den Zugriff auf einzelne Datensätze.

Optische Speicherplatten:
- Unveränderliche optische Platten: CD-Rom, CD-Audio, DVD-Audio, DVD-Video…
- Einmal beschreibbare optische Platten: CD-R, DVD-R, Photo-CD, Worm
- Wiederbeschreibbare optische Platten: CD-RW, DVD-RW, DVD-RAM

f) Struktur eines Minirechners/Großrechners (Mainframe)

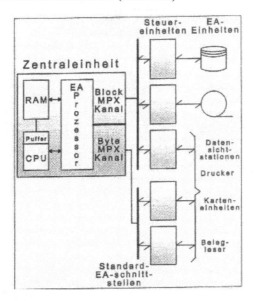

Dominierend bei Großrechnern ist das Kanal-Konzept. Beim Kanal-Konzept wird der Datentransfer zwischen dem Arbeitsspeicher und den peripheren Geräten von Kanälen

3

übernommen. Dabei handelt es sich um selbständig arbeitende Einheiten mit eigenen Prozessoren (Steuereinheiten), die ihre Befehle parallel zur Arbeit der CPU ausführen. Einzelne Gerätegruppen sind direkt mit der Zentraleinheit verbunden.

Zwei Modi:
- Byte Multiplex – Betrieb: byteweises auslesen von Informationen
- Block Multiplex – Betrieb: blockweises auslesen bei größeren Dateien

Im Großrechner ist zusätzlich noch ein weiterer Prozessor (E/A-Prozessor) vorhanden. Er arbeitet unter der Steuerung des Zentralprozessors.

Dominierend bei Mikrocomputern ist das Bus-Konzept. Alle peripheren Geräte werden über spezielle Peripherieprozessoren gleichrangig an eine gemeinsam genutzte Sammelschiene, den E/A-Bus angeschlossen, über den der Datentransfer vom und zum Arbeitsspeicher erfolgt. Der E/A-Bus wird vom Zentralprozessor gesteuert.

2.1.2 Gliederung von Rechnergruppen

Basisgliederung

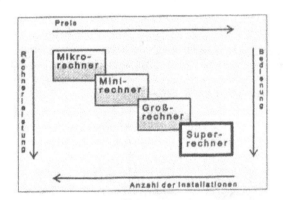

Superrechner	Forschung und Wissenschaft	Spezielle Architektur	> 100.000 €
Großrechner	Rechenzentrum	Dialog- und Batchbetrieb	100.000–500.000 €
Minirechner	Abteilungsrechner	Mehrbenutzersysteme	5.000 – 25.000 €
Mikrorechner	PC, Workstation	Arbeitsplatzrechner	1.000 – 5.000 €
Handheld	PDA	Abmessungen, Gewicht	200 – 800 €

Grundstruktur: Client-Server-Architektur

2.1.3 Einflussfaktoren auf Rechnerleistung

- Verarbeitungsleistung (performance)

Maßeinheit: Mips (Million Instructions per Second)
            Flops (Floating Point Instructions per Second)
            Lips-Rate (Logical Interferences per Second)

- Rechnerleistung

a) Maßzahl der Geschwindigkeit in Mips oder Flops
   → Bestimmt durch die ZE-Hardware

b) Leistung im praktischen Einsatz
   → Bestimmt durch alle Komponenten einer EDVA

1. Zentraleinheit

⇒ Prozessorleistung
⇒ Anzahl der Hilfs- und Parallelprozessoren
⇒ Zugriffsgeschwindigkeit des Hauptspeichers
⇒ Kapazität des Arbeitsspeichers
⇒ internes Bussystem
⇒ Grafikbus AGP

2. Betriebssystem (Operating System OS)

- Mächtigkeit des BS = entscheidender Bestimmungsfaktor
- OS ist Menge von anwendungsneutralen Programmen zur Steuerung und Verwaltung
- Mehr oder weniger große Befehlsrate, um Anwendungsprogramme zu erstellen, zu starten und ablaufen zu lassen
- Ziel: umfangreiche, flexible, benutzerfreundliche, elegante Nutzung der Hardware

3. Peripherie

- Wichtig für Rechnerdurchsatz bzw. Antwortzeilen
- Insbesondere: Kapazität, Zugriffszeit, Datentransferrate, Fehlerrate von ext. Speichern
- Weiterhin: Grafikkarte, Harddisk, CD-ROM
- Schnittstellen: USB, Fire Wire
- Wesentlich ist Peripherie-Intelligenz (Entlastung der Prozessoren der ZE)
- Art des externen Bussystems

4. Anwendungsprogramme

- Weitgehend Fehlerfreiheit (Absturzsicherheit)
- Benutzerfreundlichkeit (Benutzerführung, Hilfsfunktion, Objektorientierung, Windowsfähigkeit)

Benchmark-Test:
Analyse der Leistungsfähigkeit von Rechnersystemen aus Anwendersicht.

Ziel: Auswahl geeigneter Hardware/ Betriebssystemkonfiguration

Verfahrensablauf:
- Auswahl häufig genutzter oder kritischer Programme
- Verknüpfung zu künstlichen Gebilden (Benchmark) für die Beurteilung
- Abarbeitung auf allen zu testenden Systemen
- Beurteilung nach definierten Kriterien:
  o Laufzeit der Batch-Programme
  o Antwortzeiten der Dialogkomponenten
  o Anzahl paralleler Dialogkomponenten
  o Anzahl der je Sekunde bewegten Speicherseiten

Einschätzung:
- Benchmark-Verfahren sind synthetische Test- und Analyseverfahren
- Hoher Implementierungsaufwand
- Teilleistung von ZE, E/A-Prozessoren, Speicherverwaltung sind nicht unterscheidbar

Aber: Spezialisierung möglich
- Datei- und Datenbankfunktionen
- Math. Verarbeitungsfunktionen

2.1.4 Entwicklungstendenzen von Rechnerarchitekturen

Ziel: Leistungssteigerung
- Parallelverarbeitung
- Spez. Prozessorarchitekturen
- Anpassung an spezielle Anwendungsgebiete

Ausgangspunkt: Von Neumann Architektur

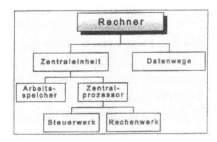

Hauptmerkmal der von Neumann-Architektur ist der Aufbau des Rechners aus einem Speicher und einem Prozessor, der wiederum von einem Steuerwerk und einem Rechenwerk gebildet wird.

Steuerwerk und Rechenwerk arbeiten nach dem Pipeline-Prinzip:
- Ein Befehl wird nacheinander zunächst vom Steuerwerk und anschließend vom Rechenwerk ausgeführt
- Während das Rechenwerk einen Befehl ausführt, bereitet das Steuerwerk zeitlich parallel dazu schon den nächsten Befehl vor

6

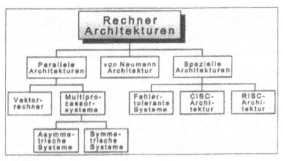

Klassifizierung nach Flynn:

- SISD (Single Instruction Stream, Single Data Stream): von Neumann-Architektur
- SIMD (Single Instruction Stream, Multiple Data Stream): Alle Prozessoren führen gleichzeitig eine vorgegebene Befehlskette mit verschiedenen Daten aus
- MIMD (Multiple Instruction Stream, Mutliple Data Stream): Die Prozessoren führen unabhängige Befehlsfolgen mit unterschiedlichen Daten aus
- MISD (Multiple Instruction Stream, Single Data Stream): Die Prozessoren führen unabhängige Befehlsfolgen mit gleichen Daten aus

a) Parallelität

Wesentlich höhere Rechnerleistungen sind durch parallelverarbeitende Maschinen zu erzielen. Darunter versteht man die gleichzeitige Ausführung mehrerer Befehle. Die Parallelität kann

- Entweder innerhalb desselben Prozessors, indem einem Steuerwerk mehrere parallele Rechenwerke zugeordnet werden
- Oder durch mehrere, miteinander gekoppelte parallele Prozessoren

erreicht werden.

Zu dieser Kategorie gehören <u>Vektorrechner</u> (SIMD). Sie basieren auf einer Weiterführung des Pipeline-Prinzips im Zentralprozessor. Beispielsweise werden dem Steuerwerk anstatt eines einzigen Rechenwerk jetzt ein Rechenwerk für Addition und Subtraktion und ein Rechenwerk für Multiplikation und Division zugeordnet.

Echte Parallelrechner sind <u>Multiprozessor-Systeme</u> (MIMD), d.h. Rechner mit mehreren Prozessoren, die gemeinsam ganz oder teilweise die selben peripheren Geräte und häufig den selben Arbeitsspeicher benutzen.

- Asymmetrische Systeme: Eine Aufgabe wird unter der Steuerung eines Prozessors auf alle Prozessoren verteilt
- Symmetrische Systeme: Wenn jeder Prozessor in der Lage ist, gleichberechtigt jede Aufgabe auszuführen

b) Anpassung der v. Neumann Architektur an spezielle Anwendungen

<u>Hybridrechner-Systeme:</u>

- Rechner mit analoger und digitaler Recheneinheit
- Nutzung der Vorteile beider Typen
- Kopplungselektronik zur Verbindung beider Einheiten
  ⇒ A/D- und D/A Wandler als wichtigste Bestandteile

Prozessrechner:
- EDVA zur automatischen Überwachung, Steuerung und Regelung von industriellen oder anderen physikalischen Prozessen
- Regelkreisprinzip
- Ziele:
  o Eliminieren der Auswirkung von Prozessstörungen
  o Optimale Prozessführung bei Änderung von Führungsgrößen
  o Optimale Umsteuerung eines Prozesses aus einem gegebenen in einen gewünschten Zustand
  o Real Time Processing im Gegensatz zu Batch-Processing
  o Digitale E/A-Schnittstellen, über AD/DA-Wandler
  o Beispiele: Walzstraßensteuerung, Straßenverkehrsregelung
  o Echtzeit: Betriebssysteme

c) Beispiele für Leistungssteigerung durch spezielle Prozessor-Architekturen

98% der Befehle eines Computers sind einfache Befehle. In 80% der Zeit werden nur 20% einfache Befehle genutzt.

CISC- und RISC Prozessoren:

CISC: Complex Instruction Set Computer
- Der Befehlsvorrat wird vergrößert z.B. durch die Aufnahme von Sprachelementen höherer Programmiersprachen oder von Programmen für komplette Anwendungen
- Befehle haben unterschiedliche Struktur und Länge

RISC: Reduced Instruction Set Computer
- Zerlegung komplexer Befehle in mehrere einfache Befehle (mehrere Zyklen)
- Verfügbar ist nur ein reduzierter Befehlsvorrat (20-40 Grundbefehle)
- Alle Befehle haben feste Längen und gleiches Format
  ⇒ einfaches und schnelles Dekodieren
- Implementierung direkt in schnelle Prozessorstrukturen
  ⇒ hohe Taktraten
- Getrennter Cache für Daten und Befehle
- Zugriff auf Speicher nur mittels einfacher Lade- und Speicherbefehle
- Große Anzahl von Registern zu Optimierung des Pipelineprinzips

2.2 Computer Software

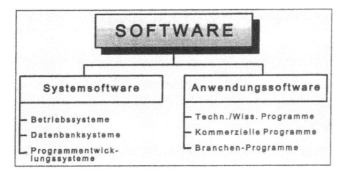

2.2.1 Betriebssysteme

Programme, die zusammen mit der Hardware die Grundlage für mögliche Betriebsarten bilden und insbesondere die Abwicklung von Programmen steuern und überwachen.

2.2.1.1 Aufgaben und Arbeitsweise

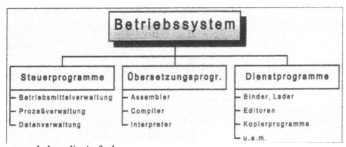

Betriebssysteme haben die Aufgabe
- Benutzeraufträge
- Betriebsmittel (CPU, RAM, Peripherie)
- Datenbestände

zu verwalten und die zugehörigen Arbeitsabläufe zu steuern.

Die Betriebsmittelverwaltung zerfällt noch einmal in
- Prozessorverwaltung
- Speicherverwaltung
- Geräteverwaltung

Aufgaben der Steuerprogramme:
Steuerprogramme laufen im privilegiertem Zustand ab.
⇒ Übernahme der Kontrolle, wenn Konflikte auftreten, die das Benutzerprogramm nicht lösen kann

Hierarchie: Auftrag $\Rightarrow$ Job $\Rightarrow$ Prozesse $\Rightarrow$ Task $\Rightarrow$ Threads (Prozessverwaltung)

Das Betriebssystem steuert den Prozessablauf wie folgt:
- Einordnung der zur Bearbeitung anstehenden Jobs in eine Warteschlange
- Zuordnung der Betriebsmittel an die Jobs
- Einteilung der Jobs in verschiedene neue Warteschlangen je nach Betriebsmittelbedarf oder Dringlichkeit
- Planung der endgültigen Auftragsreihenfolge durch Bildung einer Bereitschaftswarteschlange
- Laden des unmittelbar zur Bearbeitung anstehenden Programms in den Arbeitsspeicher
- Start und Abarbeitung des Programms unter Belegung der jeweils erforderlichen und zugeordneten Betriebsmittel
- Programmabschluss und Freigabe der zugeordneten Betriebsmittel

Die dritte Aufgabe des Betriebssystems ist die <u>Datenverwaltung</u>. Sie zerfällt in folgende Teilaufgaben:
- Führen eines Dateikatalogesystems
- Bereitstellung von Zugriffsmethoden
- Gewährleistung von Schutzmaßnahmen

Schalenmodell eines Betriebssystems:

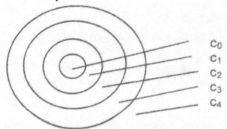

Dabei gilt:
c_0 - Betriebsystem-Kern
c_1 - Betriebsystem-Schale
c_2 - Programm- und Datenverwaltung
c_3 - Auftragsverwaltung
c_4 - Umgebung

Klares hierarchisch geordnetes, sicheres Betriebsystem.

Betriebssystemkern:
➢ Verwaltung der aktiven Betriebsmittel
➢ Aus dem Kern werden die Prozesse gesteuert

OS-Schale:
- c_1 bedient sich c_0, um seine Aufgaben zu erfüllen!
- Dient der Verwaltung von passiven Betriebsmittel (RAM und Peripherie)
- Aktive BM werden durch den Kern verwaltet, passive BM durch eigene Verwaltungsprogramme.

- Erst wenn alle BM in einen Prozess zur Verfügung stehen, kann ausgeführt werden.
- Steuerung der E/A-Prozesse
- Speicherverwaltung/-zuordnung

Programm und Datenverwaltung:
- ➢ Transformation der Programme in eine maschinell ausführende Form
- ➢ Verwaltung der Daten auf peripheren Speichermedien

Auftragsverwaltung:
- ➢ Nutzt die darunter liegende abstrakte Maschine, um Benutzeraufträge abzuwickeln
- ➢ Ein Job kann mehrere maschinelle Prozesse auslösen
- ➢ Auftragssteuerung durch Job Control Languages

2.2.1.2 Übersetzungsprogramme (Translator)

Programm, das Anweisungen in einer höheren Programmiersprache oder Assemblersprache liest, analysiert und in bedeutungsgleiche Maschinenbefehle umwandelt.

➢ Assembler:

Assemblerquelle ⇒ Ausführung Maschinenbefehle

➢ Compiler:

Höhere Programmiersprachenquelle ⇒ Compiler ⇒ Linker ⇒ Ausführung
- Übersetzung und Ausführung zeitlich getrennt
- Komfortable Compilerarbeit
- Schnell, Leistungsfähig

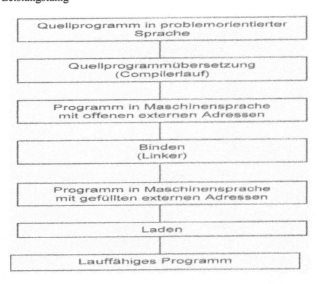

> Interpreter:

Höhere Programmiersprachenquelle ⇒ sofortige Übersetzung und Ausführung
- Zeilenweise Übersetzung und sofortige Ausführung
- Langsame Abarbeitung
- Sofortige Fehleranzeige

2.2.1.3 Dienstprogramme

Dienen zur Abwicklung häufig vorkommender anwendungsneutraler Aufgaben bei der Benutzung von EDV-Systemen z.B. Binder/Lader, Editor, Elementare Operationen, Diagnose-, Testprogramme, Abrechnungsprogramme für BM.

2.2.1.4 Mikrorechnerbetriebssysteme (Übersicht)

Standardbetriebssysteme für Mikrocomputer sind universeller einsetzbar als die eng auf herstellerspezifische Rechnertypen zugeschnittenen Betriebssysteme für mittlere und große EDVA.

MVS:
> Für IBM Mainframes
> Ungeeignet für Arbeitsplatzrechner
> Betreuung nur durch den Spezialisten
> Variantenreiche Jobkontrollsprache

VMS:
> Für Mainframe-Rechner von Digital Equipment
> Virtueller Speicher
> Hochentwickeltes Dateisystem
> Vernetzung über DecNet
> Flexible Anbindung von Unix & Mac Systemen
> Viele Konzepte in Windows NT übernommen

1) MS – DOS (Disk Operating System)

1981: Microsoft für 16-Bit Prozessoren

Die wichtigsten Eigenschaften:
> Für 16-Bit Prozessoren
> Für Speicherbereich bis 1MB
> Kommandozeilenorientiert
> Singleuser-Singletasking-Betriebssystem
> Hierarchische Dateisysteme
> Spezielle Hardware über Treiber verwendbar
> Systemaufrufe nicht reentrant
> Sehr einfache Kommandosprache

2) OS/2 (Operating System)

Vorteile gegenüber MS-DOS:
> - Fähigkeit zur Arbeitsweise im protected mode
> - Echtes preemptives Multitasking
> - Sehr großer virtueller Speicher
> - Integrierte grafische Oberfläche: Presentation Manager
> - Schnittstelle zu relationalen Datenbanken: Database Manager

3) Windows

Mit Windows wurde erstmals eine Betriebssystem-Erweiterung mit grafischer Benutzeroberfläche für Intel-PCs auf den Markt gebracht(1990). Windows setzt auf DOS auf.

Die wichtigsten Eigenschaften:
> - 32-Bit Adressierung im protected mode
> - kooperatives Multitasking
> - grafische Benutzeroberfläche
>   - Steuerung über Maus
>   - Desktop als Systemumgebung
>   - Fenster als Arbeitsfläche
>   - Pulldownmenüs und Rollbalken
>   - Icons, Buttons, Schieberegler
> - Schnittstelle für Programme
> - Einheitliche Gerätetreiber, auf welches die Programme aufsetzen

4) Windows 95

> - Verbesserung der Stabilität und Anwenderfreundlichkeit
> - Erstes 32-Bit Windows Betriebssystem, kommt ohne DOS aus
> - Oberfläche, die nicht mehr programm-, sondern objektbezogen arbeitet
> - Unterstützt preemtives Multitasking
> - Verbessertes Dateisystem, das lange Dateinamen erlaubt
> - Plug & Play Funktionalität, die ein schneller Wechseln von Hardware erlaubt
> - Theoretische Minimalausstattung PC mit 386SX CPU und 4MB Hauptspeicher

5) Windows 98

Gegenüber Windows 95 wesentliche Neuerungen:
> - Neue Benutzeroberfläche
> - FAT32 ist eine verbesserte Version des Dateisystems FAT, mit dem Festplatten mit mehr als 2 GB formatiert werden können
> - Verbessertes Power-Management, das ACPI unterstützt
> - Zahllose Dateiverbesserungen

6) Windows NT/2000

WIN NT 4.0:
> - Fast identische Oberfläche zu WIN 95
> - Internet Rechnung tragend
> - Hardware-kompatibel

- Funktionen der Benutzerverwaltung in Explorer integriert
- Angleichung Registrierdatenbank an WIN 95
- Integrierte Funktionalität MS Plus-Paket
- Neu entwickelter Task-Manager
- ISDN-Unterstützung

Vorteile WIN NT/2000:
- Stabiler als WIN95/98 und OS/2
- Leistungsfähiges Dateisystem NTFS
  - Keine Limitierung
  - Sicherheit beim Zugriff
  - Lange Dateinamen
  - Groß- und Kleinbuchstaben
  - Schnellerer Zugriff
  - Effektive Nutzung Plattenspeicher
- Ausgefeiltes System für Nutzerprofile
- Integrierte Internet-Werkzeuge

7) UNIX

Eigenschaften von UNIX:
- Multi-User-Fähigkeit und Prozesskonzept
- Hierarchisches Dateisystem zur Verwaltung von Systemen und Benutzerdateien
- Bildung von Programmketten für komplexe Funktionen
- Zugriffsschutz für Dateien und Verzeichnisse durch Passwortvergabe
- Hardwareunabhängigkeit durch Implementierung Programmiersprache C
- Virtuelle Speicherverwaltung
- Modularer Aufbau
- Netzwerkfähigkeit

Probleme von UNIX:
- Gering verfügbare kommerzielle Standardsoftware
- Vergleichsweise geringe Anzahl von Installationen
- Vielfalt von UNIX-Versionen

8) Vergleich UNIX – Windows NT/2000

Gemeinsamkeiten:
- 32-Bit-Betriebssystem
- echtes Multitasking
- virtuelle Speicherverwaltung
- integrierter Netzwerksupport

Vorteile für WIN NT/2000:
- ein WIN NT/2000 für alle Plattformen
- voll kompatibel zur 16 Bit-Welt
- verbessertes Sicherheitskonzept
- hohe Leistungsfähigkeit
- einfachere Handhabung und Administrierung
- eine Plattform für alle Anwendungen

Vorteile von UNIX:
- ➤ Betrieb von Terminals standardmäßig
- ➤ Volle TCP/IP Domain Name Services
  - Domänen-Konzept:
    - • Alle Maschinen einer Domäne haben dieselben Benutzer und Benutzergruppen
    - • Rechte können auf jedem Rechner unterschiedlich sein
    - • Administratoraufgaben von jeder Maschine durchführbar
- ➤ Benutzeranwendungen können nach LOGOUT weiterlaufen
- ➤ Interaktive Anwendungen laufen prinzipiell sowohl lokal als auch über das Netz

9) Windows XP

Verbesserungen:
- ➤ Neu gestaltete Benutzeroberfläche
- ➤ Erweiterter Support digitaler Medien
- ➤ Verbesserte Kompatibilität mit Anwendungen und Hardware
- ➤ Erweiterung der File- und Druckservices
- ➤ Ausbau der Netzwerkfähigkeiten
- ➤ Intuitivere Hilfe
- ➤ Funktionen zur Erhöhung der Zuverlässigkeit und Sicherheit
- ➤ Erleichterung der Systemverwaltung
- ➤ Verbesserung der Notebook-Unterstützung

Zusatz-Features der Professional Edition:
- ➤ Unterstützung von bis zu neun Monitoren gleichzeitig
- ➤ Remote-Desktop-Funktion
- ➤ Integrierte Fax-Funktion
- ➤ Funktionen für professionelle Anwender

PROGRAMMIERPARADIGMEN

2.2.2 Programmierung von EDVA

a) Einordnung von Programmiersprachen

Generation 1 und 2   ⇒ Low-Level
Generation 3   ⇒ High-Level
Generation 4 und 5   ⇒ Very High-Level

b) Programmierparadigmen

Prozedual: Wie ist etwas zu tun?
Nicht-Prozedural: Was ist zutun?
Beispiel: Auswahl aller weiblichen Mitarbeiter

1. Prozedual:
- Lies Datensatz „Mitarbeiter"
- Prüfe, ob weiblich
- Falls ja, schreibe Datensatz in temporäre Datei
- Falls nein, nicht berücksichtigen

2. Nicht-prozeduale Notation:
- Finde alle Mitarbeiter, für die die Bedingung „weiblich" gilt.

(1) Ablauforientierte Programmierung

(2) Funktionale Programmierung

Basisfunktionen: Verkettung, Iteration, Rekursion

(3) Regelorientierte Programmierung

Prolog-Interpreter versuchen eine Behauptung anhand von Aussagen in einer internen Wissensbasis mittels eines Schlussfolgerungsalgorithmus zu widerlegen.

(4) Objektorientierte Programmierung

- Hebt Trennung zwischen Daten und Datenmanipulation auf
- Jeder Gegenstand im objektorientierten System stellt ein Objekt dar

1. Eigenschaft: Botschaftskonzept
2. Eigenschaft: Datenabstraktion
3. Eigenschaft: Klassenkonzept
4. Eigenschaft: Vererbung
5. Eigenschaft: Dynamische Bindung

Vorteile von Objektorientierter Programmierung:
- Analogie zur realen Welt
- Leichte verständliche Programmiereinheiten
- Weniger Fehlerquellen aufgrund Datenkapselung
- Additive Programmierung
- Klassenbibliotheken: wieder verwendbare Objekte
- Schnelle Anwendungsentwicklung

BETRIEBSARTEN und NUTZUNGSFORMEN

2.2.3 Anwendungssoftware

a) Individualsoftware
- Speziell auf Wünsche eines Anwenders zugeschnitten
- Probleme bei der Anwendung durch andere Nutzer
- Entwicklung als Einzelfertigung, unter Einbeziehung von Standardsoftwareteilen
- Häufig stark hardwarebezogen
- Aufgabe: Technische und finanzielle Beherrschung des Entwicklungsprozesses

b) Standard-Software
- Reduzierung genau spezifizierter Funktionen für definierte Problemstellungen
- Geringe Passfähigkeit und Rechner dann für den Einzelnutzer
- Aufgabe: Auswahl der richtigen Standardsoftware und Anpassung

2.2.3.1 Standard-Software

Integriertes Programmpaket für Unterstützung aller Tätigkeiten eines Geschäftsprozesses

Vorteile:
- Kauf kostengünstiger als Eigenentwicklung
- Sofort verfügbar, Einführung in kurzer Zeit
- Realisierung von Anwendungen ohne qualifiziertes Personal
- Risiken der Eigenentwicklung entfallen

Nachteile:
- Schlechte Laufzeiten, da für breiten Anwenderkreis
- Schnittstellenprobleme, wenn nur ein Anwendungsgebiet
- Gefahr der überstürzten Einführung
- Starke Abhängigkeit vom Anbieter

Auswahlprozess:
- Ausschreibung
- Grobbewertung der Angebote
- Feinbewertung und Endauswahl

2.3 Betriebsarten und Nutzungsformen

2.3.1 Betriebsarten

Nach a) Interne Verarbeitung

Multiprogrammbetrieb (Multitasking) als Voraussetzung für Multiuserbetriebssystem.

Quasi-Simultan-Verarbeitung mehrerer Programme.

Ziel:
o Verhinderung von Wartezeiten der CPU durch
o Ausgleich unterschiedlicher Verarbeitungsgeschwindigkeit von Peripherie und CPU

18

<u>Nach b) Datenbereitsstellung</u>

ON-line Betrieb

o   Dateneingabe-Geräte mit der EDVA gekoppelt
o   Maschinenlesbare Datentechnik nicht erforderlich

OFF-line Betrieb:

o   Dateneingabe-Geräte arbeiten zeitlich und /oder örtlich getrennt von EDVA
o   Maschinenlesbare Datentechnik erforderlich
o   Indirekte Datenbereitsstellung

⇒ Indirekte Bereitstellung mit maschinell verarbeitbarer Sekundärtechnik:

o   Lochkarten
o   Lochstreifen
o   Magnetbänder
o   Disketten

⇒ Indirekte Bereitstellung mit maschinell verarbeitbarer Primär-Datentechnik:

o   Etiketten
o   Plastikkarten
o   Markierungsbelege
o   Magnetschnittbelege
o   Klarschriftbelege

2.3.2 Nutzungsformen

<u>Nach zeitlicher Abwicklung</u>

a) Stapelverarbeitung (Batch)

o   Auftrag wird vollständig definiert dem Rechner übergben
o   Mehrere Aufträge werden nacheinander abgearbeitet
o   Die Warteschlange der zur Verfügugn stehenden Aufträge wird automatisch nach einer
    prioritätsgesteuerten Strategie des betriebssystems abgearbeitet
    o   Dazu vom Nutzer vorzugeben
        ▪   Prioritäten
        ▪   Geschätzte Rechenzeit
        ▪   Betriebsmittelanforderung

b) Interaktive Verarbeitung

o   Der Auftrag wird nicht vollständig definiert bevor er zur Abwicklung kommtt
o   Er wird der EDVA in Form von Teilaufträgen übergeben
o   Während der Verarbeitung findet ständig Informationsaustausch zwischen EDV-
    System und Auftraggeber statt.

<u>Nach Programmnutzungsart</u>

a) Teilnehmerbetrieb

- o Mehrere Nutzer bearbeiten unabhängige, voneinander verschiedene Aufgaben
- o Quasisimultaner betrieb: gesamter Softwarebestand kann in Anspruch genommen werden
- o Auftragsabwicklung unter Kontrolle des Nutzers, er muss die Kommandosprache des OS kennen
- o Nutzer wird im Zeitmultiplexverfahren bedient
- o Hardware- und Systemkenntnisse erforderlich

b) Teilhaberbetrieb

- o Mehrere Nutzer bearbeiten in einen zentral gespeichertem Anwendungsprogramm dasselbe Aufgabengebiet
- o Lösung einer genau definierten Problemstellung mit Hilfe eines definierten Kommandovorrats (Transactioncode)
- o Transactioncode stösst fertige Pogramme an die dann Antworten liefern
- o Abwicklung einer großen Anzahl, gleichartiger, bekannter Vorgänge an vielen Datenstationen
- o Geringe DV-Kenntnisse erforderlich

ANWENDUNGSSOFTWARE

3. Integrierte Anwendersysteme

3.1 Typologie von AWS

Gesamtheit
- Der Hardwareeinrichtung
- Der Software
- Der organisatorischen Regelungen

in einem bestimmten Aufgabengebiet.

Grundkomponenten eines DV-Systems:
- Anwendungssoftware
- Systemsoftware
- Hardware
- Orgware
- Manware

Aufbau eines Anwendungssystems:

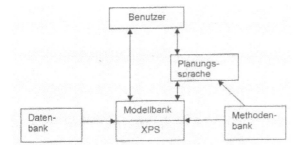

3.2 Betriebliche Anwendersysteme

3.2.1 Übersicht

a) Administrations- und Dispositionssysteme

Administrationssysteme:
Dienen der Rationalisierung vorhandener Abläufe betrieblicher Abrechnung von „Massendaten" z.B. Führung von Kundenkonten.

Dispositionssysteme:
Vorbereitung kurzfristiger dispositiver Entscheidungen, mit dem Ziel der Verbesserung von Entscheidungen auf mittlerer und unterer Führungsebene.

Unterscheidung der Administrations- und Dispositionssysteme:
- Branchenneutrale Anwendungen
- Branchenspezifische Anwendungen
- Branchenübergreifende Anwendungen

Branchenneutrale Anwendungen:
- Firmenübergreifend, weitgehend standardisiert
- Finanzbuchhaltung, Lohn- und Gehaltsabrechnung

Branchenspezifische Anwendungen:
- Planung und Steuerung der Produktion
- Warenwirtschaftssysteme
- Handel
- Kreditinstitute
- Versicherungswirtschaft

Branchenübergreifende Anwendungen:
- Basis: Kooperation von 2 oder mehr Branchen
- Zunehmende Bedeutung der zwischenbetrieblichen Anwendungen

b) Management-Unterstützungssysteme

(1) Führungsinformationssysteme (FIS)

Aufgabe: Bereitstellung von Führungsinformationen für alle anderen Management-Ebenen.

(2) Planungssysteme

Aufgabe: Unterstützen den Planungsprozess auf der betrieblichen Führungsebene

(3) Querschnittssysteme

3.2.2 Branchenneutrale Anwendersysteme, Bürosysteme (Querschnittssysteme)

Aufbau:
- Zentraler Rechner mit Terminals

Anwendungen:
- Schreib- und Übersetzungsarbeit
- Routinemäßige Sachbearbeitung mit Administrations- und Dispositionssysteme
- Programmierung

Tätigkeiten:
- Nicht ständig im Unternehmen anwesend
- Kein Zugriff auf Unterlagen im Unternehmen
- Steuerbar/anwendbar über räumliche Entfernungen

Vorteile:
- Flexibler Personaleinsatz
- Einsparung Raumkosten
- Höhere Arbeitsproduktivität
- Freizügigere Arbeitseinteilung durch Arbeitnehmer
- Wegfall von Pendelzeiten

- Bessere Familienbetreuung
- Entlastung Straßenverkehr

Nachteile:
- Vereinsamung
- Verlust an zwischenmenschlicher Kommunikation

Ziele:
- Schnellere Ausführung der Bearbeitungsvorgänge
- Verkürzung der Transportzeiten zwischen den Arbeitsplätzen
- Einsparung beim Botendienst

3.2.3 Branchenspezifische und –übergreifende Anwendungen

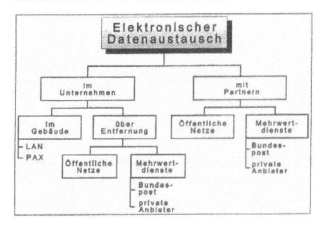

3.2.4 CIM

Ziele:
- Kurze Durchlaufzeiten
- Hohe Termintreue
- Große Produktvielfalt
- Flexibilität gegenüber Kundenwünschen
- Wirtschaftliche Fertigung

Aufgaben:
- Informationsintegration
    o Automatisierung und Integration von Informationsflüssen
    o Unternehmensweit
    o Gemeinsame Nutzung sämtlicher Informationen
- Funktionsintegration
    o Informationsintegration führt zur Zurücknahme der Arbeitsteilung
    o Verfahrenskettenintegration

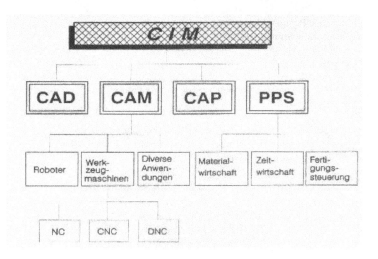

3.3 Expertensysteme (XPS)

- Erfassung und Speicherung von Expertenwissen und darauf aufbauend
- Mechanismen zur automatischen Problemlösung

Basis: nichtprozedurale Informationsverarbeitung

- Lösungsweg nicht klar durch prozedurale Algorithmen definiert; wird vom System gefunden
- Es werden Heuristiken und diffuses Wissen verarbeitet und
- Der Schlussfolgerungsprozess wird durch das XPS erklärt

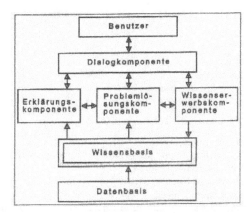

1. Wissensbasis:
- Expertenwissen
- Faktenwissen zu Anwendungssituation
- Zwischen- und Endergebnisse des Schlussfolgerungsprozesses

Wissenspräsentation:
- Deklerative Form
  - Semantische Netze
  - Frames
- Prozedurale Form

2. Problemlösungskomponente
- Schlussfolgerung aus Fakten und Expertenwissen

3. Erklärungskomponente
- Erklärt den Problemlösungsvorgang
- Korrekturen und Nachprüfungen

4. Dialogkomponente
- Kommunikationskomponente
- Nutzerdialog und Fakteneingabe

5. Wissenserwerbskomponente
- Wissens-Editor
- Routinen für Formulierung

Betriebswirtschaftliche Anwendungsgebiete von XPS:
- Investition und Finanzierung
- Controlling
- Bilanzanalyse
- Steuerberatung
- Produktpolitik
- Krisenmanagement